Vente après décès de Madame D***

Par suite d'acceptation bénéficiaire et en vertu d'ordonnance

(PREMIÈRE VENTE)

TABLEAUX

Anciens et Modernes

AQUARELLE, DESSIN

MEUBLES EN MARQUETERIE

DU XVIII SIÈCLE

DE ....

PARIS, JUIN 1906

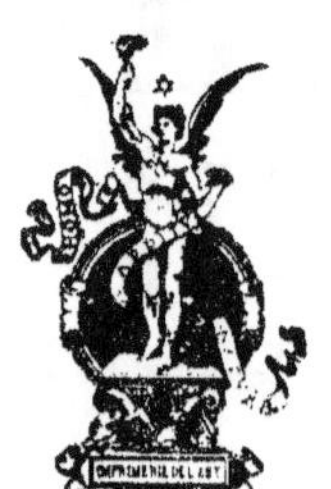

CATALOGUE

DES

Tableaux Anciens et Modernes

AQUARELLE, DESSIN

Œuvres de :

J.-L. BROWN, CONSTABLE, JULES DUPRÉ, E. ISABEY, VAN LOO, TROYON

Beaux Meubles Anciens

EN MARQUETERIE

des Époques Régence, Louis XV et Louis XVI

BUREAUX, COMMODES, SECRÉTAIRES, CHIFFONNIERS, TABLES, ETC.

ET DONT LA

Première Vente après Décès de Madame D***

par suite d'acceptation bénéficiaire, et en vertu d'ordonnance

AURA LIEU

HOTEL DROUOT, SALLE N° 7

LE LUNDI 11 JUIN 1906

à 2 heures

COMMISSAIRE-PRISEUR

M° ALBINET. 24, rue d'Aumale

EXPERTS

Pour les tableaux :

M° JULES FÉRAL

7, rue Saint-Georges

Pour les meubles :

MM. PAULME & B. LASQUIN FILS

10, rue Chauchat | 12, rue Laffitte

Chez lesquels se distribue le présent Catalogue

EXPOSITION PUBLIQUE

Le Dimanche 10 Juin 1906, de 1 h. 1/2 à 6 heures

U.C5412

CONDITIONS DE LA VENTE

Elle sera faite au comptant.

Les adjudicataires paieront *dix pour cent* en sus des en-
chères.

Paris. — Imp. de l'Art, E. MOREAU ET Cⁱᵉ, 41, rue de la Victoire.

DÉSIGNATION

TABLEAUX ANCIENS
ET MODERNES

AQUARELLE — DESSIN

BERTIN (Victor)
(DEUX PENDANTS)

112 1 — *Paysages historiques.*

Haut., 85 cent.; larg., 1 m. 2 cent.

BLOEMART (Abraham)

190 2 — *Le Christ et la Femme adultère.*

Grisaille.

Toile. Haut., 32 cent.; larg., 42 cent.

BLUM

3 — *Halte de cavaliers.*

Signé à droite.

Bois. Haut., 37 cent.; larg., 30 cent.

BROWN (John Lewis)

4 — *Une Course d'obstacle.*

Signé à droite.

Toile. Haut. 36 cent.; larg., 60 cent.

BROWN (John Lewis)

5 — *Un Cavalier.*

Signé à droite.

Toile. Haut., 46 cent.; larg., 37 cent.

CONSTABLE (John)

6 — *L'Écluse.*

Toile. Haut., 45 cent.; larg., 37 cent.

DREUX (Alfred de)

(DEUX PENDANTS)

7 — *Scènes de chasse à courre.*

Signés.

Toiles. Haut., 42 cent.; larg., 63 cent.

DUPRÉ (Jules)

8 — *Bord d'étang.*

Aquarelle.

Signée à droite en toutes lettres.

Haut., 17 cent.; larg., 22 cent.

ISABEY (Eugène)

9 — *Combat naval.*

Signé à droite.

Toile. Haut., 38 cent.; larg., 54 cent.

ISABEY (Eugène)

10 — *Les Naufragés.*

Toile. Haut., 35 cent.; larg., 50 cent.

LOO (Abraham-Louis Van)

11 — *Danaé.*

Toile. Haut., 70 cent.; larg., 62 cent.

LOO (Jean-Baptiste Van)

12 — *Tête d'Homme, coiffé d'un bonnet noir.*

Toile. Haut., 43 cent.; larg., 35 cent.

NOEL (Jules)

13 — *Forteresse au bord de la mer.*

Signé à droite.

Toile. Haut., 72 cent.; larg., 92 cent.

PASINI (Albert)

14 — *Le Cimetière des Guèbres, ou sectateurs de Zoroastre, dans la Carmanie.*

Dessin au crayon noir.
Signé et daté : 1859.

Haut., 40 cent.; larg., 78 cent.

TROYON (Constant)

15 — *Les Vendangeurs.*

Signé à gauche et daté : 1857.

Toile. Haut., 32 cent.; larg., 1 m, 30 cent.

WŒNIX (Attribué à)

16 — *Oiseaux morts, fusil de chasse, posés à terre à l'entrée d'un parc.*

Toile. Haut., 98 cent.; larg., 71 cent.

MEUBLES EN MARQUETERIE

DES ÉPOQUES

RÉGENCE, LOUIS XV ET LOUIS XVI

17 — COMMODE, de forme ventrue, ouvrant à trois rangs de tiroirs, en marqueterie de bois de placage, richement ornée de bronzes ciselés ; chutes et sabots sur les pieds, entrées de serrures et poignées sur les tiroirs. Dessus de marbre. Epoque Régence.

Haut., 80 cent.; long., 1 m. 30 cent.; prof. 66 cent.

18 — COMMODE, de forme contournée, ouvrant à deux tiroirs et reposant sur quatre pieds élevés. Elle est en marqueterie de bois de placage à compartiments mouvementés ornés de gerbes de fleurs en bois debout. Garniture de bronzes : chutes, sabots et entrées de serrures. Dessus de marbre, Epoque Louis XV.

Haut., 88 cent.; long., 1 m. 46 cent.; prof., 64 cent.

19 — COMMODE, de forme contournée, ouvrant à deux tiroirs, reposant sur quatre pieds élevés en bois de placage ; ornée de bronzes ciselés. Dessus de marbre. Epoque Louis XV.

Haut., 85 cent.; larg., 1 mètre.

20 — MEUBLE D'ENTRE-DEUX, sur quatre pieds cambrés élevés, ouvrant à deux portes. Il est en bois de rose, les portes faites de deux panneaux peints au vernis, imitant la laque de Chine, à sujets de personnages dans un paysage. Encadrements de moulures ornées avec rosaces aux angles, chutes et sabots sur les pieds, en bronze ciselé et doré. Il porte l'estampille suivante : R. V. L. C. Dessus de marbre bleu-turquin. Epoque Louis XV.

Haut., 98 cent.; larg., 1 m. 17 cent.; prof., 32 cent.

21 — SECRÉTAIRE droit, à abattant, tiroir et deux portes, de forme contournée, en marqueterie de bois de couleur : corbeille fleurie sur l'abattant, gerbes de fleurs sur les portes ainsi que sur les côtés du meuble. Il est orné de bronzes : chutes, entrées de serrures et sabots. Dessus de marbre. Epoque Louis XV.

Haut., 1 m. 40 cent.; larg., 96 cent.

22 — TOILETTE A POUDRER, en marqueterie de bois de placage avec fleurs et oiseaux en bois debout. Epoque Louis XV.

Long., 90 cent.; larg., 50 cent.

23 — TOILETTE A POUDRER, en marqueterie de bois de placage à fleurs. Garniture de bronzes : chutes, sabots, entrées de serrures. Epoque Louis XV.

Long., 87 cent.; larg., 50 cent.

24 — Bureau à abattant, de forme dite à *dos d'âne*,
en marqueterie de bois de placage à damiers ; il
est muni de tiroirs et repose sur quatre pieds
élevés. Garniture de bronzes ciselés. Epoque
Louis XV.

Haut., 92 cent.; long., 99 cent.; prof., 50 cent.

25 — Petit Meuble en forme de *cartonnier*, ouvrant
à deux portes, avec tablettes intérieures, en
marqueterie de bois de placage à fleurs. Epoque
Louis XV.

Haut., 49 cent.; long., 70 cent.: prof., 24 cent.

26 — Bureau de Dame, dit Bonheur du jour, à quatre faces ; il est à quatre pieds élevés, reliés par
une tablette d'entrejambe, avec tiroir à la ceinture ; le haut ouvre à deux portes et un petit
tiroir. Il est en marqueterie de bois de placage,
de couleur claire agrémentée de vases fleuris,
d'ustensiles divers : écritoire, flacons, tasses,
livres, etc. Garniture de bronzes ciselés ; en-
trelacs sur le tiroir et la ceinture, chutes et sabots aux pieds, moulures d'encadrement. Le
dessus, ainsi que la tablette, sont encadrés d'une
galerie ajourée en cuivre en forme de grecque.
Fin du temps de Louis XV.

Haut., 1 m. 02 cent.; larg., 62 cent.; prof., 41 cent.

27 — Table-Bureau, de forme ovale, sur quatre
pieds élevés réunis par une tablette d'entrejambe. Elle ouvre à tiroir dans la ceinture ; en
marqueterie de bois de placage, de couleur

claire avec vases fleuris, flacons et ustensiles divers; sur la ceinture court une frise de postes. Garniture de bronzes : chutes, sabots et galerie de cuivre ajourée. Fin du temps de Louis XV.

Haut., 74 cent.; long., 60 cent ; larg., 37 cent.

28 — COMMODE en bois de rose avec filets, ouvrant à trois rangs de tiroirs et reposant sur quatre pieds élevés et cambrés; garniture de bronzes : chutes, entrées de serrures et sabots. Dessus de marbre gris. Fin du temps de Louis XV.

Haut., 89 cent.; larg., 97 cent.

29 — COMMODE, de forme *demi-lune*, ouvrant à trois tiroirs de face et deux portes latérales, en marqueterie de bois de placage, ornée de bronzes. Dessus de marbre blanc. Epoque Louis XVI.

Haut., 88 cent.; larg., 1 m. 34 cent.

30 — COMMODE, ouvrant à deux tiroirs, en marqueterie de bois de placage, reposant sur quatre pieds élevés. Dessus de marbre. Epoque Louis XVI.

Haut., 85 cent.; larg., 80 cent.

31 — SECRÉTAIRE droit à abattant, tiroir et deux portes, en marqueterie de bois de placage, à motifs réguliers de carrelages et losanges. Garniture de bronzes. Dessus de marbre blanc. Epoque Louis XVI.

Haut., 1 m. 42 cent. ; larg., 78 cent.

560

32 — Bureau a cylindre, en acajou mouluré, ouvrant à cinq tiroirs dans la partie inférieure et trois tiroirs au-dessus du cylindre ; pieds fuselés et cannelés. Dessus de marbre brèche d'Alep, avec galerie de cuivre ajourée. Époque Louis XVI.

480

33 — Secrétaire-chiffonnier, formant vitrine à la partie supérieure, en acajou, avec baguettes de cuivre. Époque Louis XVI.

Haut., 1 m. 85 cent.; larg., 93 cent.

740

34 — Chiffonnier en acajou, ouvrant à six tiroirs et deux portes pleines à la partie supérieure, baguettes de cuivre, poignées de tirage aux tiroirs. Époque Louis XVI.

Haut., 1 m. 96 cent.; larg., 1 m. 14 cent.

705

35 — Bureau plat en acajou, à quatre pieds cannelés, ouvrant à trois tiroirs à la ceinture. Ornements en bronze. Dessus de cuir. Epoque Louis XVI.

Long., 1 m. 60 cent.; larg., 75 cent.

210

36 — Pendule, dite *Religieuse*, en marqueterie d'écaille, cuivre et étain. Le cadran en cuivre est porté par une figure du Temps, reposant sur un cartel où se lit l'inscription : *Lebon, à Paris*. Époque Louis XIII.